Daumerlings Wanderschaft

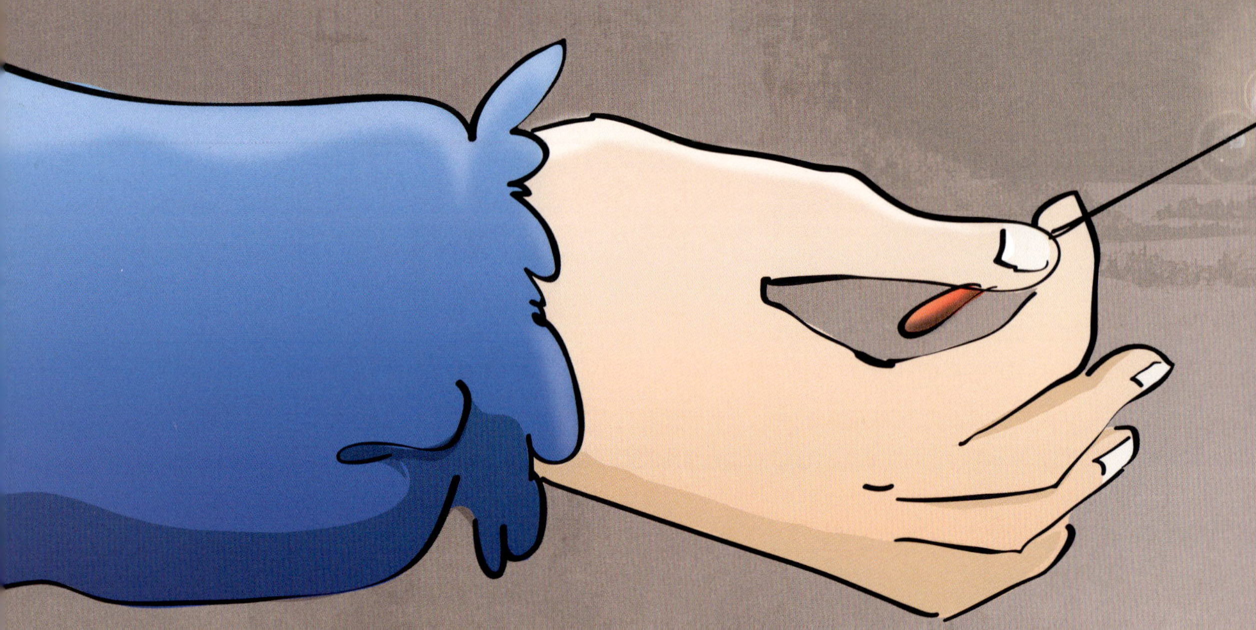

Ein Schneider hatte einen Sohn, der war klein geraten und nicht größer als ein Daumen, darum hieß er auch der Daumerling. Er hatte aber Courage im Leibe und sagte zu seinem Vater: »Vater, ich soll und muss in die Welt hinaus.«
»Recht, mein Sohn«, sprach der Alte, nahm eine lange Stopfnadel und machte am Licht einen Knoten von Siegellack daran, »da hast du auch einen Degen mit auf den Weg.«

Nun wollte das Schneiderlein noch einmal mitessen und hüpfte in die Küche, um zu sehen, was die Frau Mutter zu guter Letzt gekocht hätte.

Es war aber eben angerichtet und die Schüssel stand auf dem Herd. Da sprach es: »Frau Mutter, was gibt's heute zu essen?« – »Sieh du selbst zu«, sagte die Mutter. Da sprang Daumerling auf den Herd und guckte in die Schüssel – weil er aber den Hals zu weit hineinstreckte, fasste ihn der Dampf von der Speise und trieb ihn zum Schornstein hinaus. Eine Weile ritt er auf dem Dampf in der Luft herum, bis er endlich wieder auf die Erde herabsank. Nun war das Schneiderlein draußen in der weiten Welt, zog umher, ging auch bei einem Meister in die Arbeit, aber das Essen war ihm nicht gut genug. »Frau Meisterin, wenn Sie uns kein besser Essen gibt«, sagte Daumerling, »so gehe ich fort und schreibe morgen früh mit Kreide an Ihre Haustüre: Kartoffel zu viel, Fleisch zu wenig, Adies, Herr Kartoffelkönig.« – »Was willst du wohl, Grashüpfer?«, sagte die Meisterin, ward bös, ergriff einen Lappen und wollte nach ihm schlagen.

Mein Schneiderlein kroch behende unter den Fingerhut, guckte unten hervor und streckte der Frau Meisterin die Zunge heraus. Sie hob den Fingerhut auf und wollte ihn packen, aber der kleine Daumerling hüpfte in die Lappen und wie die Meisterin die Lappen auseinander warf und ihn suchte, machte er sich in den Tischritz. »He, he, Frau Meisterin«, rief er und steckte den Kopf in die Höhe. Und wenn sie zuschlagen wollte, sprang er in die Schublade hinunter. Endlich aber erwischte sie ihn doch und jagte ihn zum Haus hinaus.

Das Schneiderlein wanderte und kam in einen großen Wald; da begegnete ihm ein Haufen Räuber, die hatten vor, des Königs Schatz zu bestehlen. Als sie das Schneiderlein sahen, dachten sie: ›So ein kleiner Kerl kann durch ein Schlüsselloch kriechen und uns als Dietrich dienen.‹

»Heda«, rief einer, »du Riese Goliath, willst du mit zur Schatzkammer gehen? Du kannst dich hineinschleichen und das Geld herauswerfen.« Der Daumerling besann sich, endlich sagte er »ja« und ging mit zu der Schatzkammer.

Da besah er die Türe oben und unten, ob kein Ritz darin wäre. Nicht lange, so entdeckte er Einen, der breit genug war, um ihn einzulassen. Er wollte auch gleich hindurch, aber eine von den beiden Schildwachen, die vor der Tür standen, bemerkte ihn und sprach zu der andern: »Was kriecht da für eine hässliche Spinne? Ich will sie tottreten.«
»Lass das arme Tier gehen«, sagte die Andere, »es hat dir ja nichts getan.«
Nun kam der Daumerling durch den Ritz glücklich in die Schatzkammer, öffnete das Fenster, unter welchem die Räuber standen und warf ihnen einen ? Taler nach dem andern hinaus.

Als das Schneiderlein in der besten Arbeit war, hörte es den König kommen, der seine Schatzkammer besehen wollte und verkroch sich eilig.
Der König merkte, dass viele harte Taler fehlten, konnte aber nicht begreifen, wer sie sollte gestohlen haben, da Schlösser und Riegel in gutem Stand waren und alles wohl verwahrt schien. Da ging er wieder fort und sprach zu den zwei Wachen:
»Habt acht, es ist einer hinter dem Geld.«

Als der Daumerling nun seine Arbeit von Neuem anfing, hörten sie das Geld drinnen sich regen und klingen, klipp, klapp, klipp, klapp. Sie sprangen geschwind hinein und wollten den Dieb greifen. Aber das Schneiderlein, das sie kommen hörte, war noch geschwinder, sprang in eine Ecke und deckte einen Taler über sich, sodass nichts von ihm zu sehen war, dabei neckte es noch die Wachen und rief: »Hier bin ich!« Die Wachen liefen dahin, wie sie aber ankamen, war es schon in eine andere Ecke unter einen Taler gehüpft und rief: »He, hier bin ich!« Die Wachen sprangen eilends herbei, Daumerling war aber längst in einer dritten Ecke und rief: »He, hier bin ich!« Und so hatte es sie zu Narren und trieb sie so lange in der Schatzkammer herum, bis sie müde waren und davongingen.

Nun warf es die Taler nach und nach alle hinaus; den letzten schnellte er mit aller Macht, hüpfte dann selber noch behendiglich darauf und flog mit ihm durchs Fenster hinab. Die Räuber machten ihm große Lobsprüche: »Du bist ein gewaltiger Held«, sagten sie, »willst du unser Hauptmann werden?« Daumerling bedankte sich aber und sagte, er wollte erst die Welt sehen. Sie teilten nun die Beute, das Schneiderlein aber verlangte nur einen Kreuzer, weil es nicht mehr tragen konnte.

Darauf schnallte es seinen Degen wieder um den Leib, sagte den Räubern guten Tag und nahm den Weg zwischen die Beine. Es ging bei einigen Meistern in Arbeit, aber sie wollte ihm nicht schmecken; endlich verdingte es sich als Hausknecht in einem Gasthof. Die Mägde aber konnten es nicht leiden, denn ohne dass sie es sehen konnten, sah es alles, was sie heimlich taten und gab bei der Herrschaft an, was sie sich von den Tellern genommen und aus dem Keller für sich weggeholt hatten.

Da sprachen sie: »Wart, wir wollen dir's eintränken« und verabredeten untereinander, ihm einen Schabernack anzutun. Als die eine Magd bald hernach im Garten mähte und den Daumerling da herumspringen und an den Kräutern auf und ab kriechen sah, mähte sie ihn mit dem Gras schnell zusammen, band alles in ein großes Tuch und warf es heimlich den Kühen vor. Nun war eine große Schwarze darunter, die schluckte ihn mit hinab, ohne ihm weh zu tun. Unten gefiel's ihm aber schlecht, denn es war da ganz finster und brannte auch kein Licht.

Als die Kuh gemelkt wurde, da rief er: »Strip, strap, stroll, ist der Eimer bald voll?« Doch bei dem Geräusch des Melkens wurde er nicht verstanden. Hernach trat der Hausherr in den Stall und sprach: »Morgen soll die Kuh da geschlachtet werden.« Da war dem Daumerling Angst, dass er mit heller Stimme rief: »Lasst mich erst heraus, ich sitze ja drin.« Der Herr hörte das wohl, wusste aber nicht, wo die Stimme herkam. »Wo bist du?«, fragte er. »In der Schwarzen«, antwortete er. Aber der Herr verstand nicht, was das heißen sollte und ging fort.

Am andern Morgen ward die Kuh geschlachtet. Glücklicherweise traf bei dem Zerhacken und Zerlegen den Daumerling kein Hieb, aber er geriet unter das Wurstfleisch. Wie nun der Metzger herbeitrat und seine Arbeit anfing, schrie er aus Leibeskräften: »Hackt nicht zu tief, hackt nicht zu tief, ich stecke ja drunter.« Vor dem Lärmen der Hackmesser hörte das kein Mensch. Nun hatte der arme Daumerling seine Not, aber die Not macht Beine und da sprang er so behend zwischen den Hackmessern durch, dass ihn keins anrührte und er mit heiler Haut davonkam. Aber entspringen konnte er auch nicht – es war keine andere Auskunft, er musste sich mit den Speckbrocken in eine Blutwurst hinunterstopfen lassen.
Da war das Quartier etwas enge und dazu ward er noch in den Schornstein zum Räuchern aufgehängt, wo ihm Zeit und Weile gewaltig lang wurde. Endlich im Winter wurde er heruntergeholt, weil die Wurst einem Gast sollte vorgesetzt werden. Als nun die Frau Wirtin die Wurst in Scheiben schnitt, nahm er sich in acht, dass er den Kopf nicht zu weit vorstreckte, damit ihm nicht etwa der Hals mit abgeschnitten würde – endlich ersah er seinen Vorteil, machte sich Luft und sprang heraus.

In dem Hause aber, wo es ihm so übel ergangen war, wollte das Schneiderlein nicht länger mehr bleiben, sondern begab sich gleich wieder auf die Wanderung. Doch seine Freiheit dauerte nicht lange. Auf dem offenen Felde kam es einem Fuchs in den Weg, der schnappte es in Gedanken auf. »Ei, Herr Fuchs«, riefs Schneiderlein, »ich bin's ja, der in Eurem Hals steckt, lasst mich wieder frei.« – »Du hast recht«, antwortete der Fuchs, »an dir habe ich doch soviel als nichts; versprichst du mir die Hühner in deines Vaters Hof, so will ich dich loslassen.« »Von Herzen gern«, antwortete der Daumerling, »die Hühner sollst du alle haben, das gelobe ich dir.« Da ließ ihn der Fuchs wieder los und trug ihn selber heim.

Als der Vater sein liebes Söhnlein wiedersah, gab er dem Fuchs gerne alle die Hühner, die er hatte. »Dafür bring ich dir auch ein schönes Stück Geld mit«, sprach der Daumerling und reichte ihm den Kreuzer, den er auf seiner Wanderschaft erworben hatte. »Warum hat aber der Fuchs die armen Piephühner zu fressen kriegt?« »Ei, du Narr, deinem Vater wird ja wohl sein Kind lieber sein als die Hühner auf dem Hof.«

In dieser Reihe erschienen:

Die Bremer Stadtmusikanten
ISBN 978-3-95674-266-8

Brüderchen und Schwesterchen
ISBN 978-3-95674-267-5

Aschenputtel
ISBN 978-3-95674-265-1

Der Hase und der Igel
ISBN 978-3-95674-269-9

Der Froschkönig
ISBN 978-3-95674-270-5

Des Kaisers neue Kleider
ISBN 978-3-95674-271-2

chneeweißchen und Rosenrot
ISBN 978-3-95674-272-9

Rumpelstilzchen
ISBN 978-3-95674-273-6

Hans im Glück
ISBN 978-3-95674-274-3

ädchen mit den Schwefelhölzern
ISBN 978-3-95674-275-0

Die sieben Raben
ISBN 978-3-95674-277-4

Der Wolf und die 7 Geißlein
ISBN 978-3-95674-276-7

Was heißt was?

S. 2: Courage – Mut; Licht – Öse

S. 4: Adies – Lat. Auf Wiedersehen; ward – wurde

S. 8: Dietrich – Werkzeug zum Öffnen von Türen; Heda – He, du

S. 10: Taler – alte deutsche Münze

S. 12: in gutem Stand – ganz, in Ordnung, in gutem Zustand

habt acht – passt auf;

S. 14: geschwind – schnell; necken – jemanden ärgern

S. 16: behendiglich – schnell, geschickt; Kreuzer – kleine Münze

S. 19: sich verdingen – Arbeit annehmen

S. 20: eintränken – heimzahlen; einen Schabernack antun – einen Streich spielen; hernach – danach

S. 25: Quartier – Behausung